¿Qué pasaría si... nunca te cepillaras los dientes?

por Thomas Kingsley Troupe

ilustrado por Anna Mongay

Publicado por Amicus Learning, un sello de Amicus
P.O. Box 227, Mankato, MN 56002
www.amicuspublishing.us

Editora: Rebecca Glaser
Diseñador: Lori Bye

Cataloging-in-Publication data is available from the Library of Congress.
Library Binding ISBN: 9781645496090
Paperback ISBN: 9781645498551
eBook ISBN: 9781645496397

Impreso en China

ACERCA DEL AUTOR

Thomas Kingsley Troupe es autor de más de 200 libros infantiles. Cuando no está escribiendo, le gusta leer, jugar videojuegos y acordarse de cuándo fue la última vez que se bañó. Thomas es experto en tomar siestas y vive en Woodbury, Minnesota, con sus dos hijos.

ACERCA DE LA ILUSTRADORA

Anna Mongay nació en Barcelona, España. De niña, le gustaba dibujar, andar en bicicleta y correr por las montañas. Después de estudiar bellas artes y escenografía en la Facultad de Bellas Artes de Barcelona, ahora, vive y trabaja como ilustradora y maestra en Pacs del Penedès, España.

Anna extiende su reconocimiento a la fallecida Susana Hoslet, colega ilustradora, por su contribución a las ilustraciones de esta serie.

Ya es hora, otra vez. Hoy comiste golosinas. Tus dientes necesitan una buena limpieza. Pero estás cansada de cepillarte los dientes. ¡Se van a volver a ensuciar!

¿Qué pasaría si NUNCA te cepillaras los dientes?

Después de apenas un día de no cepillarte los dientes, se empieza a formar una placa sobre ellos. La placa es una capa pegajosa de bacterias. No puedes verla. Empieza a deshacer el esmalte, la cubierta exterior de tus dientes.

Cuando no te cepillas, la placa sigue creciendo. Esto puede producir...

...¡mal aliento! Toda esa placa hace que la boca huela a podrido. Las partículas de comida pueden quedar atrapadas entre los dientes y las encías. Se acumulan las bacterias.

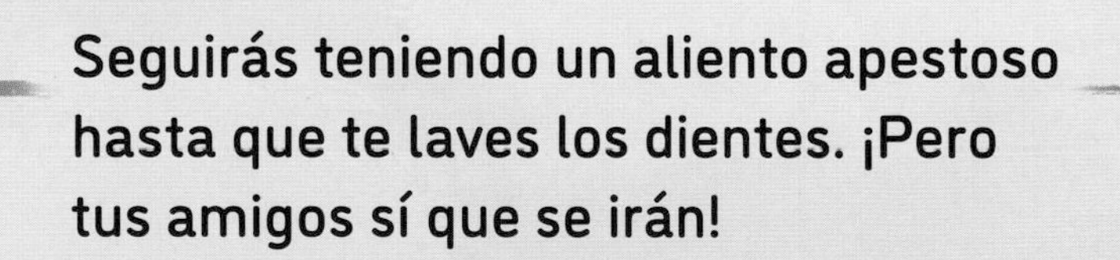

Seguirás teniendo un aliento apestoso hasta que te laves los dientes. ¡Pero tus amigos sí que se irán!

Después de una semana de no cepillarte los dientes, las cosas son aún peores. Tus dientes se sentirán raros. ¡La placa está creciendo como loca en tu boca!

Tu sonrisa ya no es tan brillante como antes. ¡Tus dientes se están manchando!

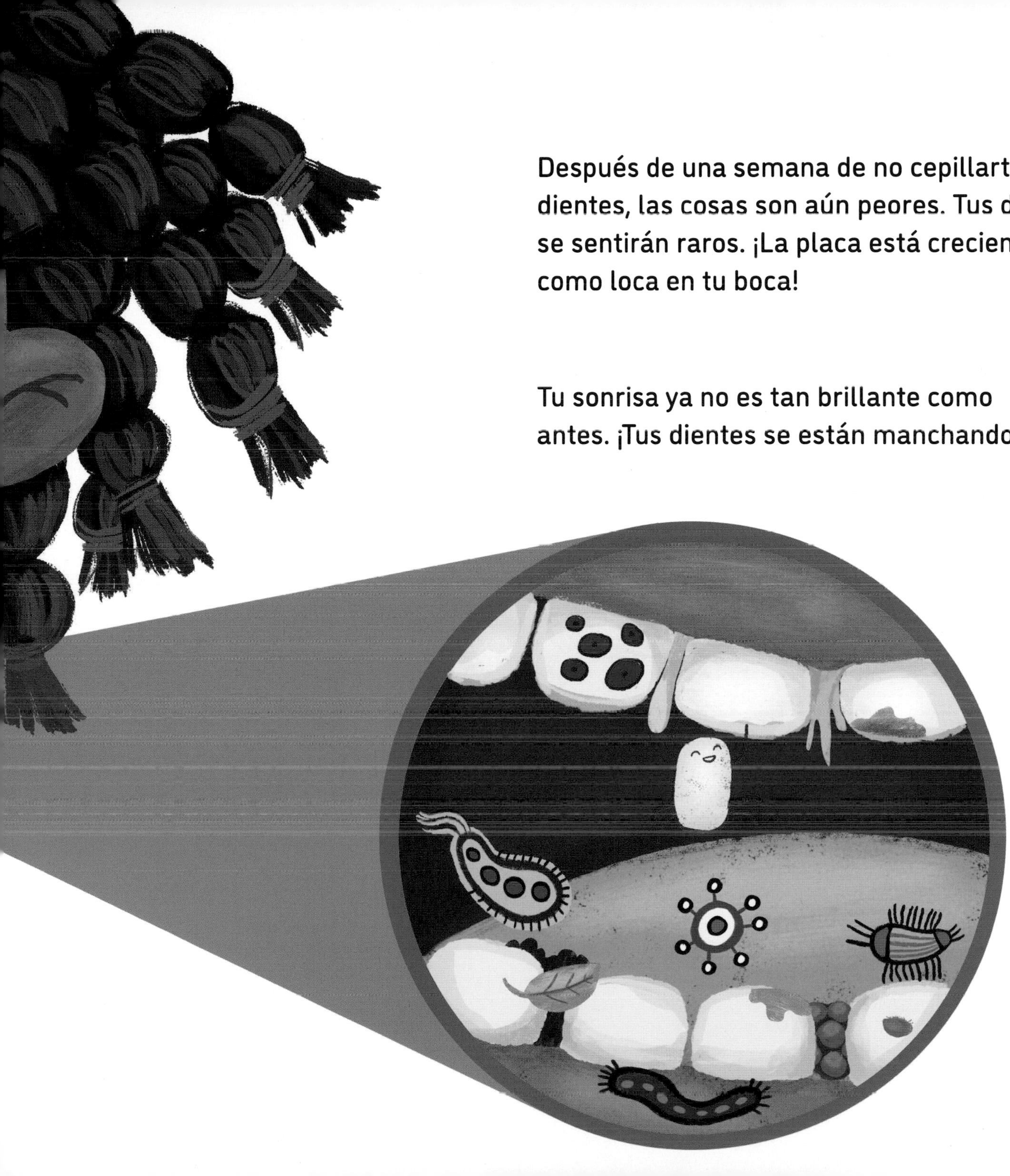

Después de unos meses de no cepillarte, tu boca es un desastre. Tu aliento puede detener el tráfico.

Te duelen los dientes y son sensibles a lo caliente y a lo frío. Conforme se empiezan a picar tus dientes, se forman manchas.

¡Hola, caries!

No cepillarse no solo es malo para los dientes. ¡También es malo para las encías! Las bacterias acumuladas en los dientes pueden inflamar las encías.

Sin tratamiento, esto produce enfermedad de las encías. La enfermedad de las encías hará que tus encías se encojan. Se te aflojarán los dientes, ¡sí, también los dientes de adulto!

Es hora de ir al dentista. Te va a decir...

...¡que te laves los dientes!
El dentista trabajará para
arreglarte la boca.

El dentista usará un taladro para remover la parte podrida de tus dientes. Luego, parchará el hueco.

Si el diente está muy picado, podrías necesitar hacerte un tratamiento de conducto. ¡Ay! Si el diente está muy mal, podrían sacártelo.

Si nunca te vuelves a cepillar los dientes, tendrás una vida difícil. La enfermedad de las encías te pone en mayor riesgo de padecer cáncer de boca y de estómago.

Como si eso no fuera suficiente, la enfermedad de las encías también puede causarte problemas cuando seas mayor. Aumenta tu riesgo de padecer enfermedades del corazón y demencia. Cuando rompes el hábito de cepillarte los dientes, ¡también se rompen muchas otras cosas!

¡Ya oíste suficiente! No cepillarte los dientes parece una pésima idea. Te cepillas los dientes y repasas todas las superficies. Pasas el hilo dental entre los dientes. ¡Se fueron toda la placa y los trozos de comida!

¡Lo lograste! Tu boca se siente increíble. Tu sonrisa no ahuyenta a las personas. Además, tu aliento huele bonito. Te cepillas dos veces al día, todos los días, para mantener los dientes y encías saludables.

Entonces, ¿qué pasaría si nunca te cepillaras los dientes?

¡Nada bueno!

Consejos para cepillarte los dientes

1. **Cepíllate dos veces al día durante dos minutos cada vez.** Divide la boca en 4 secciones: superior izquierda, superior derecha, inferior izquierda, inferior derecha. Cepilla 30 segundos cada una.

2. **Cepilla suavemente con movimientos cortos y hazlo detenidamente.** Cepillar demasiado fuerte puede dañarte las encías.

3. **Cepíllate la lengua.** Puede ayudar a eliminar bacterias y evitar el mal aliento.

4. **Después de usar el cepillo de dientes, guárdalo en forma vertical y déjalo secar al aire.** Si guardas el cepillo de dientes húmedo en un estuche pueden crecerle bacterias.

5. **Usa el hilo dental de forma regular.** Debes usar el hilo dental al menos una vez al día para remover comida, placa y bacterias.

6. **Después de cepillarte, espera al menos 30 minutos antes de tomar agua.** Si te enjuagas la boca con agua, ¡estarás quitándote todo el fluoruro de la pasta de dientes!

Datos curiosos

¿EN SERIO?

La mujer promedio sonríe 62 veces al día. Los hombres suelen sonreír unas 8 veces al día.

¿QUIÉN LO DIRÍA?

Al igual que las huellas digitales, las huellas dentales son únicas.

¿SABÍAS QUE...?

Las únicas partes de tu cuerpo que no sanan por sí solas son los dientes.

¡VAYA!

Solo puedes ver un tercio de tus dientes. Los otros dos tercios están escondidos bajo tus encías.

¿ES BROMA?

El hilo dental es fuerte. En 1994, un preso lo usó para hacer una cuerda y bajar por un muro para escapar de la cárcel.

¡ES VERDAD!

Las jirafas solo tienen dientes inferiores.

Glosario

bacterias: Criaturas unicelulares, microscópicas, que viven dentro y fuera del cuerpo.

cáncer: Una enfermedad que suele ser mortal y que sucede cuando las células enfermas evitan que las células sanas hagan su trabajo. Las células enfermas crecen y forman un bulto, y pueden diseminarse a otras partes del cuerpo.

demencia: Afección en la que una persona pierde la capacidad para pensar, recordar o resolver problemas.

esmalte: La cubierta externa blanca y dura que protege los dientes.

inflamar: Hincharse, enrojecer o causar dolor en el cuerpo mientras el cuerpo trata de sanarse a sí mismo.

placa: Una sustancia pegajosa hecha de comida y bacterias que puede provocar caries dental.

pudrir: Cuando algo se va pudriendo lentamente o deshaciendo con el tiempo.

tratamiento de conducto: Trabajo dental que elimina las partes podridas de la raíz de un diente para mantenerlo sano.